Armin Täubner

Der kleine Bär am Meer

Fensterbilder aus Tonkarton

frechverlag

Weitere Titel des beliebten Autors Armin Täubner sind im Frech-Verlag erschienen:

TOPP 1784

TOPP 1786

TOPP 1711

TOPP 1594

Fotos: Frech-Verlag GmbH + Co. Druck KG, 70499 Stuttgart · Birgitt Gutermuth
Zeichnungen und Illustrationen: Armin Täubner

Auflage: 5. 4. 3. 2. 1. | Letzte Zahlen
Jahr: 1998 97 96 95 94 | maßgebend

frechverlag GmbH + Co. Druck KG, 70499 Stuttgart

ISBN 3-7724-1782-5 · Best.-Nr. 1782

Druck: Frech-Verlag GmbH + Co. Druck KG, 70499 Stuttgart

Nach langem Hin und Her
hat sich der kleine Bär
dieses Jahr für einen Urlaub
am Meer entschieden.
Und was heißt das?
Tauchen, schwimmen,
Sandburgen bauen,
schnorcheln, surfen,
Pirat spielen,
sich im Muschelboot
verstecken und
durchs Meer paddeln...

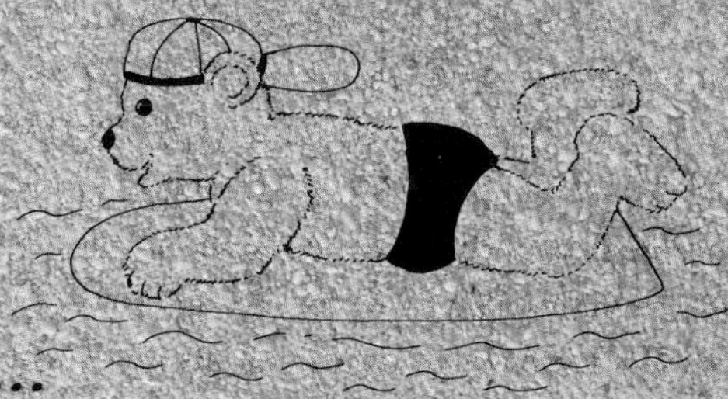

Der Sommer ist einfach
etwas Herrliches!
Freuen Sie sich auch auf
Ihren Urlaub am Meer?
Oder wird dieses
Jahr nichts daraus?
Ob als Vorfreude oder als kleiner Ersatz
für die sonnigen Wochen am Wasser –
der kleine Bär teilt seine Abenteuer gerne
mit Ihnen! Sie müssen ihn sich nur
ans Fenster holen,... und wenn Sie genauer
hinschauen, vielleicht rieselt dann
ein bißchen Sand auf Ihre Fensterbank!

Rein ins Vergnügen

1

Das Bärengesicht aufmalen, das Ohr, die Badehose, den verzierten Schwimmring und anschließend die Vorderbeine am Rumpf befestigen.

2

Mit einem schwarzen Filzstift oder Tuschefüller die punktierten Linien einzeichnen.

3

Und zum Schluß die Umrisse der Badehose mit einem weißen Pluster-Pen nachziehen, damit sich der kleine Bär ins nasse Vergnügen stürzen kann!

Spaß beim Wellenreiten

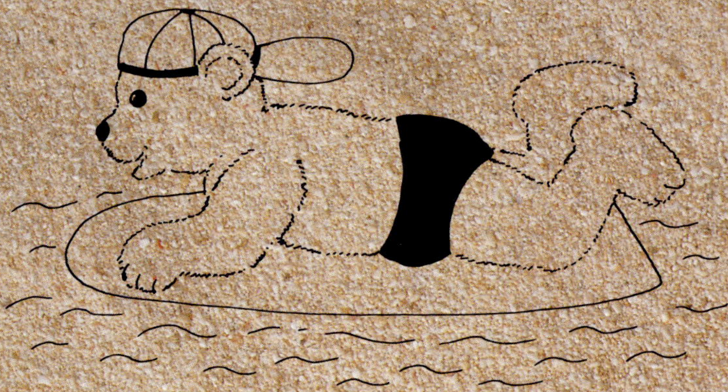

1

Die weiße Mütze bemalen und dem kleinen Bären aufsetzen. Dann bringen Sie das Ohr an und malen das Gesicht auf.

2

Mit einem Tuschefüller oder einem feinen schwarzen Filzstift die punktierten Linien nachziehen und die Badehose ankleben.

3

Das linke Vorderbein anbringen und den Bären samt der roten Krake auf das zweiteilige Surfbrett stellen. Anschließend das Surfbrett auf die Welle kleben, die mit Pluster-Pen zusätzlich verziert wird.

Mann über Bord!

1

Bei beiden Bären jeweils den Kopf von hinten am T-Shirt fixieren, anschließend das Ohr ankleben und das Gesicht aufmalen.

2

Setzen Sie den Bären im weißen T-Shirt von hinten ins Schlauchboot.

3

Nun das Schlauchboot auf die Wasserfläche kleben.

4

Den anderen Bären an der Wasserfläche und am Boot befestigen. Die beiden Vorderbeine samt Ärmel anbringen, bei dem Bären im Boot zuvor aber noch das Paddel darunterschieben.

5

Den Seestern und die Pluster-Verzierungen nicht vergessen!

Ein echtes See-unge-heuer

1

Das Gummitier mit Filzstiften bemalen und auf die Wasserfläche kleben.

2

Bei den Bären werden die Ohren angebracht und die Gesichter aufgemalt. Die Badehose bzw. den Badeanzug mit Filzstift verzieren und den beiden anziehen.

3

Dann die zwei auf das Gummitier setzen und die Vorderbeine befestigen.
Lassen Sie noch eine Qualle auf der Wasseroberfläche schwimmen!

4

Zum Schluß mit Pluster-Pen die stürmische See andeuten, die die beiden mutigen Seefahrer über die Wellen reiten läßt.

Was bist Du denn für einer?

1

Am Bärenkopf zuerst den Schnorchel, dann die Taucherbrille und das Ohr anbringen. Die Nase und die Ohrmuschel aufmalen und die Oberschenkel durch eine schwarze Linie trennen.

2

Die Badehose wird mit Filzstiften und mit Pluster-Pen verziert und von vorne auf den Rumpf geklebt.

3

An den Hinterbeinen werden von hinten die gelben Flossen fixiert; das Vorderbein müssen Sie von vorne am Rumpf befestigen.

4

Kleben Sie das zweiteilige Netz am Vorder- und am Hinterbein des kleinen Bären an.

5

Die Seeschwalbe können Sie als ein Teil ausschneiden und mit Filzstiften bemalen.

Meine Piraten-festung

1

Das untere Teil der Sandburg (durchgezogene Linie) kleben Sie auf das große (gestrichelte Linie). Nun fixieren Sie das Tor, die runden Fenster und die Muscheln. Von hinten die Schaufel und die Holzstücke (punktierte Linien) anbringen.

2

Das Hemd auf den Bärenrumpf kleben. Anschließend das runde Schnauzenteil und die Augenbinde ergänzen. Das Bärengesicht aufmalen und den Bären hinter die Burg setzen.

3

Die beklebte Piratenflagge von hinten am kleinen Bären befestigen.

4

Mit Pluster-Pen die Konturen der Sandburg nachziehen.

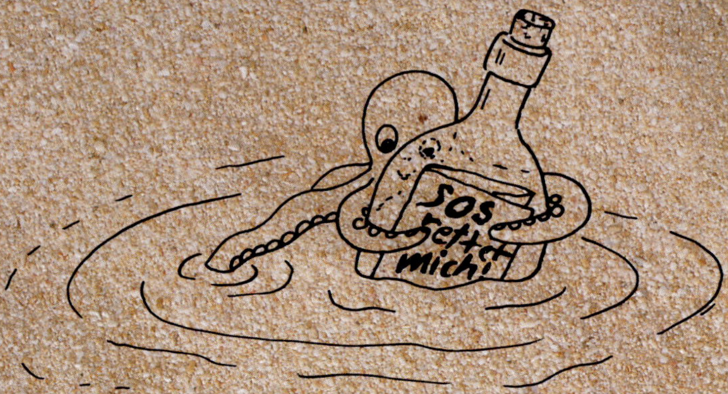

1

Am Bärenkopf die Ohren anbringen und das Gesicht aufmalen. Die Badehose mit Filzstiften verzieren und auf den Rumpf kleben. Anschließend das Hinter- und das Vorderbein befestigen.

2

Das Hemd am Mast fixieren. Dann den Masten von hinten am Längsbalken des Floßes ankleben, den Sie anschließend auf der Wasserfläche positionieren. Darunter die fünf Querbalken anordnen, mit einem schwarzen Filzstift oder Tuschefüller die Holzmaserung andeuten.

3

Um das Bärenbein binden Sie ein Stück Zwirn als Angelschnur und setzen den Bären auf das Floß. Das andere Zwirnende können Sie unter den Schwimmer kleben. Die Flasche bemalen Sie als Flaschenpost und schicken sie auf den Weg.

4

Mit Pluster-Pen werden zum Schluß noch die Floßkonturen nachgezogen und die Wellen gemalt.

SOS

Jetzt kann's losgehen!

1

Die Hose mit Filzstift verzieren und auf den Rumpf kleben. Dann ziehen Sie dem kleinen Bären das T-Shirt an. Auf das Taucherbrille-Schnorchel-Teil die Augen malen. Die Ränder der Taucherbrille und den Schnorchel sollten Sie blau anmalen. Dieses Teil wird zuerst am Bärenkopf fixiert, dann erst können Sie das runde Schnauzenteil aufkleben.

2

Unter dem linken Arm das Spieltier und den zweiteiligen Kescher befestigen. Sie können den Kescher evtl. auch als ein Teil aus weißem Karton ausschneiden und teilweise schwarz anmalen.

3

Am Koffer die gestrichelten Linien mit Tuschefüller einzeichnen und das rote Stoffstück ankleben. Der Koffer wird von hinten an der rechten Seite des reiselustigen Bären fixiert. Von vorne den Koffergriff und den Adressenanhänger befestigen. Und jetzt kann's losgehen!

Machst Du auch Ferien am Strand?

1

Zuerst das Mäuseohr ankleben und das neugierige Gesichtchen aufmalen. Nun die Maus von hinten an der Sandhöhle fixieren, von vorne noch eine kleine Fahne anbringen und dann das kleine Sandteil mit der Maus auf der großen Sandfläche fixieren.

2

Das Ohr am Bärenkopf ankleben und das Gesicht aufmalen. Anschließend die Badehose am Rumpf befestigen, das Hinter- und das Vorderbein samt Schaufel ankleben.

3

Der kleine Bär setzt sich in den Sand.

4

Auf den weißen Sonnenschirm kleben Sie die drei roten Teile (gestrichelte Linien) und fixieren den Schirm von hinten am Sandberg und am Bärenkopf. Zum Schluß gibt's noch Plustereffekte.

Du machst mir alles kaputt!

1

Bemalen Sie die Schirmmützen, und kleben Sie sie auf die Bärenköpfe. Nun die Ohren anbringen und die Gesichter aufmalen. Die zwei bekommen ihre Badehosen. Beim sitzenden Bären die Füße anbringen, beim stehenden Bären die Hinterbeine mit einer schwarzen Linie (punktierte Linie) trennen. Anschließend die Vorderbeine einschließlich Schaufel bzw. Eimer anbringen.

2

Auf die Sandfläche zuerst die kleine Sandburg, dann den sitzenden und schließlich den stehenden Bären kleben.

3

Malen Sie auf die Sandburg Holzstückchen und Fenster auf.

4

Zum Schluß noch zwei Sandförmchen und eine Qualle auf der Sandfläche arrangieren und Plustereffekte setzen. Ob die Sandburg standhält?

Land in Sicht

1

Am Bärenkopf den Hut mit dem aufgeklebten Piratenzeichen und das Ohr befestigen. Das Gesicht malen Sie auf.

2

Am grünen Hemd von hinten den Kopf und die Hose anbringen. Von vorne das Halstuch und das Vorderbein samt Ärmel und Fernrohr fixieren. An der Hose von vorne den Flicken, von hinten das Hinterbein ergänzen.

3

Das Faß schneiden Sie als ein Teil aus. Mit einem Tuschefüller die Faßdauben, den Eisenring und die Holzmaserung aufmalen.

4

Den bärigen Piraten auf das Faß setzen und die Krake plazieren; anschließend das Faß auf die Wasserfläche kleben.

5

Mit Pluster-Pen die Wellen andeuten, der Krake die Saugnäpfe aufmalen und die Kleidungsstücke konturieren.

Mein Muschelboot

1

Bei der Muschel die Ränder der beiden weißen Teile mit einem roten Filzstift oder mit einem weißen Pluster-Pen konturieren.

2

Als nächstes kleben Sie den Bärenrumpf von hinten an das kleinere Muschelteil.
Am Kopf das Schnauzenteil anbringen und das Gesicht aufmalen.
Der Kopf und die Tatze werden von vorne auf dem Muschelteil befestigt.

3

An das kleine Muschelteil mit dem Bären von hinten das gelbe Muschelteil (durchgezogene Linie) anbringen.
Das obere Muschelteil ein wenig hinter den Bärenkopf und vor die rechte Tatze schieben und am gelben Muschelteil ankleben.

Wer hat schon so ein schönes Muschelboot?

Rat mal, was das ist

1

Am liegenden Bären die Sonnenbrille, das Ohr,
das Vorderbein und die Badehose ankleben.
Mit einem Tuschefüller den Mund und die Nase aufmalen
und die punktierten Linien nachziehen.

2

Am kleinen Bären befestigen Sie das Ohr und die Badehose
und malen das Gesicht auf.
Den kleinen Bären hinter dem liegenden Bären befestigen.
Von vorne das linke Vorderbein anbringen.
An der rechten Tatze und am Rücken des liegenden Bären
wird der Seestern fixiert.

3

Den Rand des Badetuches rot anmalen und
die zwei auf dem Badetuch plazieren.

4

Das Badetuch wird auf die Sandfläche geklebt.
Im Sand noch einige Muschelschalen
verteilen und den Eimer mit der Krake aufstellen.

Darf ich auch mal probieren?

1

Am Bärenrumpf die Hose, dann das bemalte T-Shirt ankleben. Sonnenschild, Ohr und Zunge werden danach angebracht. Das Gesicht und die Trennlinie zwischen den Hinterbeinen bzw. den Hosenbeinen (punktierte Linien) zeichnen Sie ein.

2

An der Eiswaffel von hinten zwei Eiskugeln befestigen.

3

Das Vorderbein samt Ärmel und Eiswaffel am T-Shirt befestigen.

4

Den Vogel können Sie als ein Teil ausschneiden, den Schnabel und das Auge aufmalen und auf die Schoko-Eiskugel setzen.

5

Abschließend den Bären zusammen mit einem Seestern und einigen Muschelschalen auf der Sandfläche plazieren und Plustereffekte setzen.

1

Alle Teile des ausgewählten Motives werden ohne Überschneidungen auf Transparent- oder Butterbrotpapier übertragen, das Sie anschließend auf Karton aufkleben.

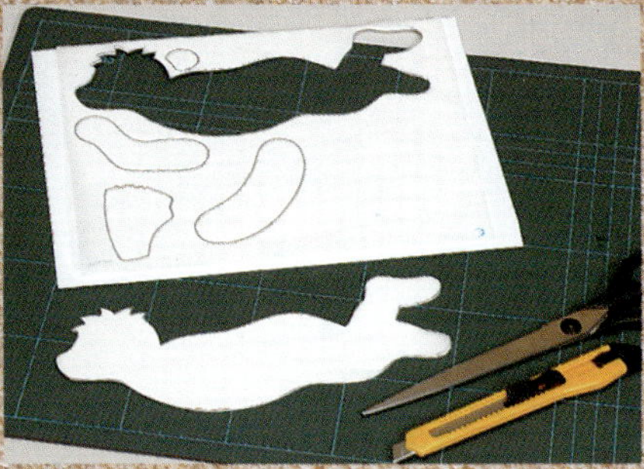

2

Mit der Schere oder mit einem Cutter schneiden Sie alle Teile sorgfältig aus. Wenn Sie mit einem Cutter arbeiten, sollten Sie eine Schneideunterlage benutzen; zur Not genügt auch ein fester Karton.

3

Dann werden die ausgeschnittenen Schablonen auf den Tonkarton der gewünschten Farbe gelegt und mit einem spitzen Bleistift umfahren.

4

Schneiden Sie die Teile aus, und fügen Sie Ihr Fensterbild zusammen – die Vorlage und das Foto geben Ihnen dabei Positionierungshilfen. Wer möchte, kann noch zusätzliche Plustereffekte auftragen.